Rudolf Hubert

Aggiornamento

Ansichten zum Glauben im Heute

Impressum

Aggiornamento

Ansichten zum Glauben im Heute

© 2021, von Rudolf Hubert

Hrsg.:   Hans-Jürgen Sträter

Herstellung und Verlag: BoD - Books on Demand, Norderstedt

ISBN: 978-3--754351-15-4

Ausgabe vom 1. Oktober 2021

Inhalt

Ansichten zum Glauben im Heute

I. Fragen als Akt der Frömmigkeit – Reinhold Schneiders Vermächtnis

1.

In einem lesenswerten Aufsatz aus dem Jahr 1964 fand ich folgende Sätze, die mich sehr beeindruckt haben:

„Es ist das Verhängnis des Zeitgeistes, zu meinen, dass die Wirklichkeit unter einem einzigen Aspekt, nämlich dem positivistischen, begriffen werde könne. Infolge dieses Verhängnisses werden wir geradezu primitiv in Bezug auf das Leben und den Tod. Wenn der Tod nur biologisch gesehen wird, wird auch das Leben degradiert. Dann ist es im Haushalt des Weltalls nichts anderes als das zufällige und sinnlose Abenteuer des Protoplasmas, und es wäre dann nicht einmal sinnlos, wenn in ferner Zukunft nur noch Insekten die Erde bevölkerten. Denn biologisch gesehen ist der Sinn des Lebens das Überleben des Stärkeren, d.h. dessen, der den Bedingungen der Erde am besten angepasst ist."[1]

Warum mich diese Sätze beeindruckt haben? Nun, dieser Text ist schon ein wenig „in die Jahre gekommen". Vielleicht dachte man vor über 50 Jahren noch so, aber

---

[1] Aus „Abschied vom Christentum?"Hamburg 1964 – Hans Schomerus: Und am Ende der Tod, S.273f

heute? Sind wir nicht aufgeklärt? Wissen wir nicht viel mehr über die Welt, über den Menschen, über die Zukunft? Denken wir ernsthaft noch so platt biologistisch und verwechseln einen Aspekt der Wirklichkeit mit der Wirklichkeit insgesamt?

Angesichts der Flüchtlingskrise in Europa, der drastischen Abschottungstendenzen der reichen vor den armen Ländern und der vielen Stellvertreterkriege kommen mir erhebliche Zweifel, ob wir wirklich im Zusammenleben der Menschen über das fast ausschließlich dominierende Recht des Stärkeren hinausgekommen sind. Was macht den Menschen zum Menschen? Diese Frage stellt sich in jeder Generation neu. Die Antwort auf diese Frage liegt nicht in den Genen, sie kann nicht vererbt werden. Sie muss in jeder Generation, von jedem Einzelnen neu erworben werden. Während die Nationalsozialisten von „Blut und Boden" redeten und die Kommunisten den Menschen lediglich als „Ensemble gesellschaftlicher Verhältnisse" zu beschreiben wussten, ist heute - allerdings auch nur dort, wo die Frage nach dem Menschen ausdrücklich gestellt wird – von ihm als Verbraucher, als Konsument und als Kostenfaktor die Rede. Fröhliche Urständ' feiert zudem ein reiner Materialismus, der vorgibt, ‚objektive' und ‚wissenschaftliche' Ergebnisse zu präsentieren, die angeblich eindeutig erweisen, dass die Freiheit des Menschen nichts als lächerliche Täuschung sei. Gott – ein reines Wunschgebilde, der Mensch nichts weiter als „Vehikel seiner Gene oder Meme". Und wenn ‚das

Gefährt' dann zu alt geworden ist, muss es verschwinden, um Platz zu schaffen für neue und leistungsfähigere ‚Überlebensmaschinen', die die Weiterexistenz unserer Gene gewährleisten.[2]

Wenn nicht lächerlich, dann zumindest komisch wirkt es, wenn Christen in dieser Welt des reinen Pragmatismus und der sich so aufgeklärt gebenden Mentalität heutigen Zeitgeistes den Menschen als „Gotteskind" bezeichnen, als ein Wesen, das zum Leben mit Gott in der Gemeinschaft der Heiligen in Liebe berufen ist. Mir scheint zudem: Je mehr kirchlicher Glaube im Schwinden begriffen ist und Gott zu einem nichtssagenden Begriff verkommt, ja zum Fremdwort wird, desto stärker wenden sich Menschen esoterischen Heilslehren zu oder eben jenem Pragmatismus, der sich die Frage nach dem Ganzen, nach sich selbst und damit auch nach Gott verbietet. Wo keine sinnvolle Frage gestellt wird, kann auch keine sinnvolle Antwort erwartet werden. Deshalb nimmt sich vielerorts die Botschaft von Ostern, von der Auferstehung des menschgewordenen Gottes, zu unserem Heil und Segen, heute teilweise recht merkwürdig aus. Ja, sagen wir es genauer, um uns die Situation nicht zu verharmlosen: Die christliche Botschaft wirkt oft skurril, wie „aus der Zeit gefallen". Weil, ja weil

---

[2] Vgl. exemplarisch die Bücher von Richard Dawkins „Der Gotteswahn"; „Die Gotteslüge" oder das Buch von Christopher Hitchens „Der Herr ist kein Hirte".

traditionelle Voraussetzungen des Glaubens vielerorts fast völlig weggebrochen sind. Wir sind – in Europa, in Deutschland, im so genannten „christlichen Abendland" – viel-fach zu Analphabeten im Glauben geworden. Und nur mühsam müssen wir uns das Einmaleins des Glaubens ganz neu aneignen.

2.

Wo ist eigentlich **die** Antwort auf Reinhold Schneiders existentielle Anfragen zu finden, für die „Winter in Wien"[3] exemplarisch steht?[4] Je mehr ich mich in diese Frage vertiefe, desto bedeutsamer wird der 1958, im Alter von nicht einmal 55 Jahren verstorbene Reinhold Schneider mir. Anhand seiner Überlegungen zu geschichtsmächtigen Personen wie beispielsweise Friedrich Schiller oder dem alttestamentlichen Propheten Jeremia in „Pfeiler im Strom"[5] spüre ich: Hier thematisiert Schneider eigentlich ‚meine' Fragen. Und sicherlich nicht nur meine! Er wird gewissermaßen zum ‚Stichwortgeber' einer ganzen Epoche, der auch mir in zweifacher Hinsicht hilfreich ist: Bei Reinhold Schneider fühle ich jene Fragen in einer Tiefe an – und ausgesprochen, wie es heute offensichtlich nicht mehr

---

[3] Reinhold Schneider „Winter in Wien", Freiburg-Basel-Wien 1958 – Die hier verwendeten Zitate sind der Buch - Ausgabe von 1963 entnommen

[4] Dieses letzte Werk Reinhold Schneiders, geschrieben im Winter 1957/58 in Wien als Tagebuchnotizen, scheint sein eigentliches Vermächtnis zu sein. Wie ein Seismograf nimmt Schneider hier Stimmungen auf, die gerade auch für unsere Zeit so kennzeichnend sind. Angesichts der Erfahrungen der „unendlichen Räume" im Großen und im Kleinen, des namenlosen Leids und der sinnlosen Verschwendung bemächtigen sich seiner empfindsamen Seele Trauer, Rat- und Trostlosigkeit, die in ihm den Wunsch unwiderstehlich machen, Abschied zu nehmen, Ruhe zu suchen, die niemals mehr endet.

[5] Reinhold Schneider „Pfeiler im Strom", Wiesbaden 1958

allzu häufig geschieht. Aber dort, wo es geschieht, treffen diese Fragen mit einer Wucht auf, dass viele Antworten sich bei genauerem Hinsehen nur als klägliche Versuche entpuppen, die angesichts des existentiellen Gewichtes dieser Fragen als viel zu leicht befunden werden.

Außerdem thematisiert Schneider eine Situation, die heute vielleicht noch stärker als Mitte des 20. Jahrhunderts existentiell von vielen Menschen erfahren wird: Die – fast vollständige – Irrelevanz des Religiösen für einen Großteil unserer Lebensbereiche.

„'Sie haben keinen Wein mehr': damit beginnt das Evangelium. Wie aber steht es mit denen, die nicht geladen wurden zur Hochzeit? Immer schmaler wird die Tafel des Bräutigams, immer breiter werden die Tische, an denen niemand mehr nach Wundern verlangt."[6] Reinhold Schneider hat schon vor Jahrzehnten in geradezu prophetischer Weise das Dilemma der Glaubensverkündigung, wie wir es heute in kaum gekanntem und geahntem Ausmaß erleben, beschrieben.

Was, wenn der Glaube nicht einmal mehr fragwürdig, der Frage würdig ist? Wenn der köstliche Wein unbeachtet stehenbleibt, weil weder Durst noch Geschmack (mehr) vorhanden sind? Wenn es keine sinnvollen Antworten mehr geben kann, weil es keine Fragen mehr gibt? Wenn der Mensch vergessen hat, dass er vergessen hat – nämlich nach sich selbst und

---

[6] Reinhold Schneider „Winter in Wien", Freiburg, Basel, Wien, 1963, S.71

dem Sinn des Ganzen zu fragen? Karl Rahner sprach davon, dass der Gottesverlust einhergeht mit dem Selbstverlust und davon, dass dies durchaus völlig ‚normal', ganz unspektakulär, geräuschlos und unbemerkt, vor sich gehen kann.

Die Fragen nach Sinn und Ziel, nach Grund und Wert – sie werden bei diesem ‚Befund' offensichtlich völlig irrelevant. Sie finden in der Welt keinen sinnvollen ‚Anknüpfungspunkt' (mehr), sie lassen sich weder hinreichend begründen noch verifizieren. Sie zu stellen, verbietet sich ganz offensichtlich aus „intellektueller Redlichkeit".

3.

Reinhold Schneider bringt jene Fragen in' s Wort, die heute häufig nur noch – wie ganz von ferne – geahnt und noch weniger bewusst ausgesprochen und thematisiert werden. Vielleicht ahnte Reinhold Schneider früher als manch' anderer, dass einmal eine Zeit anbrechen wird, deren eigentliche geistige Not die Unfähigkeit ist, sich über die tatsächliche Befindlichkeit Rechenschaft geben zu können. In seinem autobiografischen Werk „Verhüllter Tag"[7] finden sich Sätze, die gleichermaßen betroffen wie nachdenklich machen:

„Der Versuch, beendeter Tradition einen letzten Wert zu geben und wenigstens die Schlüssel verbrannter Häuser zu wahren, Zeichen zu retten und mit ihnen die Wirkung auf die innerste Gestalt: dies allein soll zur Darstellung kommen. Die Anfechtung wird dem Glauben einbezogen – auf jede Gefahr...die Frage ist und bleibt, ob ihnen ein Wert abgerungen, ob auch in ihnen ein Auftrag gesehen werden kann. Dieses vielleicht schwer tragbare Subjektive vermag ich nicht anders zu begreifen als im Zusammenhang mit dem Geschichtlichen. Ohne einen Blick in den Abgrund der Verzweiflung ist das Zeitalter nicht zu verstehen."[8]

Nur wer sich den eigentlichen Fragen des Lebens stellt, ja, wer sie zu allererst wahrnimmt und zulässt, wird in der Lage sein, verlässlich Orientierung geben zu können. Auch und gerade dann, wenn scheinbar danach nicht

---

[7] Reinhold Schneider „Verhüllter Tag", Köln/Olten, 1954

[8] Ebenda, S. 9

(mehr) gefragt wird. Denn das, was am meisten verdrängt wird, kann das am meisten Bedrängende, das am meisten Andrängende und Vermisste sein, das im wörtlichen Sinn Notwendige! Insofern ist Reinhold Schneider ein wirklicher „Kundschafter der Existenztiefe"[9]. Sein kritischer ‚Einwurf' irritiert nachhaltig die sich selbstgefällig gebenden Scheinsicherheiten und entlarvt sie als solche. Die Unterbrechung der alltäglichen Mentalität des Machens und Habens durch seine kritischen Fragen verunsichern und bringen Plausibilitäten und Selbstverständlichkeiten ins Wanken. Aber erst so wird der Mensch sich seiner selbst (wieder) bewusst! Es ist gerade die Radikalität, mit der Reinhold Schneider seine Anfragen formuliert, die gleichermaßen faszinierend wie aufrüttelnd, ja aufreizend ist. Doch dies ist kein oberflächlicher Verdruss am Leben. Reinhold Schneider war weder lebensmüde noch war er vom Leben enttäuscht und pessimistisch. Denn diese fragende, provozierende ‚Befindlichkeit' ist bei ihm immer zugleich gekoppelt mit einer faszinierenden Lebensbejahung, ja einer ‚Verliebtheit' in kleinste Details der Geschichte, der Kultur und des Alltagslebens.[10] Sein langjähriger Freund

---

[9] Buchtitel von Karl Pfleger „Kundschafter der Existenztiefe", Frankfurt/Main 1959

[10] Wer sich in „Winter in Wien" einliest, ist oft erstaunt darüber, welche Details Schneider wahrnimmt und beschreibt, angefangen von Gräsern und Pflanzen, von oftmals ganz Unscheinbarem wie den Seifenblasen von Kindern. Und er kann erleben, wie Schneider Gespräche sucht und führt, wie er sich der Kunst und Musik hingibt und damit eine unvermutete und ungeahnte Lebenssehnsucht zum Ausdruck bringt, die sich mühelos wiederfindet auch in anderen Werken von

und Wegbegleiter, Werner Bergengruen hat diesen Charakterzug von Reinhold Schneider in einer längeren, ergreifenden Passage beschrieben:

„Wie unüberhörbar äußert sich im „Winter in Wien" neben der Schwermut, der Verzweiflung, dem Erlösungswunsch die Hinwendung zum Leben, zur Erde,

---

ihm wie „Schicksal und Landschaft" oder „Pfeiler im Strom". Die nachfolgenden Zitate stammen alle-samt aus „Winter in Wien". - „Die Sonne glüht über dem Weingarten; das Mandelbäumchen für Mauve macht ein Versprechen, das es nicht einlösen wird; die Sterne im nachtblauen Himmel sind viel zu nah; der Sämann schreitet vor dem braunen, todschweren Kornfeld (das ist das Vernichtende, die Gleichzeitigkeit von Saat und Ernte, Frühling und Frühherbst.)" (175) „Es friert und taut. Gegen Abend ermuntern sich die Amseln im Stadtpark." (174) „Abends: die ‚Entführung' im Redoutensaal, unter gedämpften Lüstern, in der hellen Festlichkeit des königlichen Raumes; Kultur der Seele, Genie und Empfindung in Harmonie, Sittlichkeit, Auflösung aller Schrecken, Geschenk eines guten Geistes. Man muss Wüsten durchschritten haben, wenn man lernen soll, was ein guter Geist in Wahrheit ist, Genius eines wissenden Kindes." (156) „Aber heute, zum vorübergehenden Trost, ist es milde; die Meisen feiern schon Sieg, und die buntbemützten Kinderchen, die zu drei und drei sich an den Händen haltend, eben am Fenster vorübergeführt werden, haben hoffentlich den letzten Schnupfen überstanden. Krokus, Tulpen, Flieder und Hyazinthen hinter den Fenstern der Blumenläden scheinen an Künstlichkeit ihres Daseins zu verlieren – und vielleicht regt sich schon Leben am Neusiedler See, wo das Schilf jetzt geerntet wird. (Immer zieht es mich dahin.) Wann kommen die Rohrdommeln, die

14

jener Erde, die er allen Absagen zum Trotz und, je härter er zu einem widerstandslosen Sterben entschlossen war, desto inniger immer wieder als seine Erde, als die Erde seiner Liebe erkannte.

An allem Lebendigen nimmt er Anteil, sich der Totalität nicht nur dieser Stadt, nicht nur Österreichs, sondern der Welt schlechthin mächtig zu machen, lässt nichts aus. Mit welcher Intensität überlässt er sich nicht nur dem Überwältigenden, sondern ebenso dem unscheinbarsten Detail! Er bemächtigt sich der Architekturen, der Landschaft im Spiel der Witterungen. Seine Sinnesorgane sind jedem Eindruck offen, und alles, was ihn ergreift, ihn berührt oder auch nur streift, geht in seine Schatzkammern ein. Er sieht und spricht viele Menschen. Immer wieder kehrt er in den Museen ein. Mit wahrer Unersättlichkeit wendet er sich dem Theater und seinen Beglückungen zu, und sogar von der Operette lässt er sich bezaubern - zum ersten Mal in seinem Leben. Das ist nicht der Mann, von dem man leichthin sagen dürfte, er halte sich nur noch im Vorsaal des Todes auf....seine Liebe zur Erde wuchs, je entschiedener die Erde aufhörte, mit der Welt identisch zu sein, seit sie kleiner, jünger, vielleicht schutzbedürftiger geworden war." [11]

Diese Seite in Reinhold Schneiders Leben wird viel zu oft übersehen. Sie darf man nicht vergessen, sondern muss sie immer präsent haben, wenn besonders sein letztes

---

Barkassen, die Löffler und Sichler, die Bekassinen, die Graugänse, die Störche? Wann hebt der Chor an im jungen Schilf? (141)

[11] Werner Bergengruen/ Reinhold Schneider „Briefwechsel", Freiburg-Basel-Wien, 1966, S. 34f

Werk „Winter in Wien" genauer betrachtet wird. Denn besonders hier – was noch verhalten anklang in „Verhüllter Tag" - hat Reinhold Schneider eine Fülle von spektakulären und beeindruckenden Bildern vor uns ausgebreitet, die teilweise entsetzlich sind und Bestürzung hervorrufen können. Er sprach von einer „Kathedrale der Sinnlosigkeit"[12] und meinte damit, dass es unmöglich ist, angesichts der vielfältigen Zusammenhänge, der perfekten Zweckmäßigkeit, ausschließlich von Zufall zu sprechen. Das „Gesetz des Fressens und Gefressenwerdens"[13] in der Natur hat ihn entsetzt, das Bild des liebenden „Vatergottes" wurde ihm bis zur Unkenntlichkeit verzerrt.[14] Er erlebte in seinem „Wiener Winter" einen „Glaubensentzug"[15], ein „Herausgleiten

---

[12] Reinhold Schneider „Winter in Wien", Freiburg-Basel-Wien, 1963, S. 120: „Es ist unmöglich, ihn vor dieser unübersehbaren Gestaltenwelt... zu leugnen...ihn zu leugnen vor der absurden Architektur des Dinosauriers – eine Kathedrale der Sinnlosigkeit..."

[13] Ebenda S. 137 „Das Zerstörende, das sich durchsetzt, hebt sich selbst auf, es kann nur bestehen, wenn es von einem Zerstörer aufgehalten wird: Zerstörung im Gleichgewicht bedeutet Bestand, eine biologische Gegebenheit, die sich kontinuierend durch alle Schwankungen des geschichtlichen Lebens geltend macht, eine essentiell auf Zerstörung gerichtete Erscheinung endet, indem sie sich übersättigt..."

[14] Ebenda, S. 156 „Das ist ein Kreisen ohne Ende... Man muss aus diesen rotierenden Höllen aufblicken zum Vater der Liebe – und – Wer schlägt nicht die Hände vors Gesicht?"

[15] Reinhold Schneider ,WW, S. 34

aus jeglichem Horizont"[16]. Die Welt war für ihn eine „rotierende Hölle"[17] geworden, seine „Gotteserfahrung wurde geprägt durch das Bild des „Keltertreters"[18], sämtliche Ordnungen lösten sich für ihn unwiderruflich auf[19]. Sie ließen ihn die Wirklichkeit als „Explosion"[20] erleben und beschreiben.

„Die Schöpfung ist das schreckliche Wort Gottes, der größer ist als unser Herz. Christus aber ist das fleischgewordene Wort Gottes an die Geschichtswelt der Erde. Wo ist der Einklang des Schrecklichen und der Liebe?"[21]

„Ohne Myriaden von Zerstörern zu beherbergen, ohne von ihnen sich bedienen zu lassen, könnte kein höherer Organismus bestehen; ohne sie also könnte auch der Geist sich nicht aussagen. Und was sind nun Liebe und Schönheit?"[22]

---

[16] Ebenda S. 71/ S. 102 f/ 105

[17] Ebenda, S. 156/ 192

[18] Ebenda, S. 110

[19] Ebenda, S. 94f

[20] Ebenda, S. 208

[21] Reinhold Schneider „Kein Ausweichen mehr", herausgegeben von Peter Modler, Freiburg-Basel-Wien, 1989, S.148 (Das Schweigen der unendlichen Räume, 1955, IX, 496 ff)

[22] Reinhold Schneider, „Winter in Wien", Herder-Taschenbuch, Freiburg, 1963, S.111

Wie wenig hilfreich und ungenügend ist angesichts dessen eine Aussage wie die, dass es lediglich einer „optimierten Energieausnutzung"[23] geschuldet ist, wenn der Löwe die Gazelle frisst anstelle von Gras?

---

[23] Eugen Drewermann „Hat der Glaube Hoffnung?", Düsseldorf und Zürich, 2000, S. 198 „Tatsächlich musste die Biologie im 20. Jh. selber erst nach und nach lernen, sich in vernetzte Strukturen hineinzudenken... Inzwischen lässt sich sogar das präbiotische Geschehen ‚darwinistisch': als ein ‚Kampf' konkurrierender Systeme um Selbsterhalt und um Dauer in der Zeit interpretieren". Ebenda, S. 201: „Alles in biologischer Betrachtung spricht inzwischen dafür, dass der ‚Sinn' der nicht endenden Qualen und Strapazen in der Geschichte des Lebens einzig darin liegt, bestimmte Gene identisch zu reproduzieren." Eugen Drewermann „Wozu Religion?", Herder Verlag Freiburg, Basel, Wien, 2001, S. 125 „Das Leid der Lebewesen ist nicht eine Zufallstatsache... wir müssen begreifen, dass Energie eine Mangelware hier auf der Welt darstellt, dass... schon die Pflanzen in Konkurrenz zueinander darum ringen, wie sie Energie aufnehmen und speichern können... Das alles baut sich auf im Kampf um Energie, und es ist anders gar nicht vorzustellen, als so, wie es sich abspielt. Wir können das naturwissenschaftlich nicht bedauern." Oder auch Reinhold Schneider „Winter in Wien", 1963, S. 237 „Niemand dürfe am Weltall mäkeln: es ist jedenfalls das heilsame Wort, in dessen Grenzen der Mensch zu gedeihen vermag". Der nachgeschobene Halbsatz zeigt allerdings, wie wenig diese Aussage Schneider befriedigt, wenn er hinzufügt: „unter der Voraussetzung gründlicher Resignation."

4.

Karl Rahner als „Vater des Glaubens" (Johann Baptist Metz) geht In seiner Meditation „Seht, welch ein Mensch!" ebenfalls besonders auf jene Aspekte des Menschen ein, die wir uns allzu oft gerade nicht einge-stehen:

"Der Mensch ist ein vielfältiges und wandelbares Wesen... Darum ist es schwer zu sagen, wer und was er eigentlich ist. Von vielem mag er selbst nicht gern reden. Er flieht vor sich selbst...zu dem, was er ist, gehört auch jenes Unsagbare, darin er verstummt. Wie sähe wohl das Bild des Menschen aus, das gerade dies zeigt, was er ist und sich zu sein weder eingestehen will noch zu sein bereit ist?

Es müsste das Bild eines Sterbenden sein. Denn wir wollen ja nicht sterben und sind doch so dem Tode ausgeliefert, dass er als die unheimliche Macht schon alles im Leben durchwaltet.

Der Sterbende müsste hängen zwischen Himmel und Erde. Denn wir sind weder da noch dort ganz zu Hause, weil der Himmel fern und die Erde auch keine zuverlässige Heimat ist.

Er müsste allein sein. Denn wenn es auf das Letzte ankommt, haben wir den Eindruck, dass sich die andern scheu und verlegen empfehlen (weil sie ja schon mit sich nicht fertig werden) und uns allein lassen.

Der Mensch auf dem Bild müsste wie gepfählt sein durch eine Horizontale und eine Vertikale. Denn der Schnittpunkt zwischen der in Breite alles umfassen wollenden Horizontale und der steil nach oben das alleinige Eine exklusiv wollenden Vertikale geht mitten durch das Herz des Menschen und zerschneidet es.

Er müsste festgenagelt sein. Denn unsere Freiheit auf dieser Erde mündet aus in der Notwendigkeit der Not.
Er müsste ein durchbohrtes Herz haben. Denn am Ende hat sich alles in einen Speer verwandelt, der unser letztes Herzblut verrinnen lässt.
Er müsste eine Dornenkrone tragen. Denn die letzten Schmerzen kommen vom Geist, nicht vom Leib.

Da aber schließlich alle Menschen so sind wie dieser eine, müsste der Einsame doch noch umgeben sein von seinen Abbildern, die genauso sind wie er. Dann könnte man den einen verzweifelt malen und den anderen hoffend. Denn wir wissen ja nie recht, ist in unserem sterbenden Herzen mehr Hoffnung oder mehr Verzweiflung.

Dann wäre das Bild ungefähr fertig. Es zeigte nicht alles vom Menschen, aber das, was uns von uns gezeigt werden muss, weil wir das nicht wahrhaben wollen... Was so uns gezeigt wurde von uns, stellt uns in Frage und ist die Frage an uns, die wir von uns allein nicht beantworten können. Dieses Bild von uns , das wir nicht gern sehen, hat Gott am Karfreitag Seines Sohnes uns vor Augen gestellt...Wenn Gott uns so das Bild, nach dem wir geschaffen sind, vor Augen stellt, dann blicken wir, wenn wir es betrachten, nicht bloß in die

Fragwürdigkeit unseres Daseins. Dann gibt Gott uns, indem er uns vor die Frage zwingt, die wir sind, auch seine eigene Antwort zu dieser Frage...

Man könnte die Antwort darauf in einem Satz sagen, den die Väter der Kirche immer wieder aussprachen: ‚Alles, was angenommen wurde, ist erlöst.' Alles, was Er angenommen hat, ist erlöst, weil es so Gottes Leben und Gottes Schicksal selber geworden ist. Er hat den Tod angenommen; also muss er mehr sein als der Untergang in die leere Sinnlosigkeit. Er hat es angenommen, verlassen zu sein; also muss die erstickende Einsamkeit noch die Verheißung seliger Nähe Gottes in sich bergen. Er hat die Erfolglosigkeit angenommen. Also kann der Untergang ein Sieg sein. Er hat die Gottverlassenheit angenommen. Also ist Gott nahe auch dort, wo wir von Ihm uns verlassen meinen. Er hat alles angenommen, also ist alles erlöst."[24]

[24] Karl Rahner "Meditationen zum Kirchenjahr", Leipzig 1967, S. 213ff

5.

Wir erleben heute ganz unterschiedliche Erfahrungen, die sich teilweise widersprechen, sich auszuschließen scheinen, sich ergänzen oder sich gegenseitig bestätigen. Allesamt sind sie jedoch Glaubenserfahrungen und Glaubensbilder. Warum? Weil sich in ihnen das Ganze des Seins und der menschlichen Existenz unabweisbar meldet. Weil in ihnen buchstäblich alles „auf dem Spiel steht". Dem widerspricht nicht nur nicht die Tatsache, dass jene Aussagen und Erfahrungen, Hinweise und Assoziationen oft nebeneinander her bestehen, ineinander übergehen oder sich gegenseitig Konkurrenz machen. Wo es um Fragen geht, die jeden „kategorialen" Bereich überschreiten, wo es buchstäblich um Alles oder Nichts geht, da gibt es keine „glatten Lösungen". Da kann und darf es sie nicht geben, wenn damit unredliche Harmonisierungsversuche gemeint sind. Auch hier hatte Reinhold Schneider ein untrügliches Gespür:

„Wie sollen wir als Christen die ungeheure Tragödie der Tierwelt...die unsagbaren Entbehrungen und Schrecken, durch die sich der Mensch in den Eiszeiten emporgekämpft und emporgelitten hat, ohne Beschwernis dem Vater der Liebe unterstellen?... es ist besser, zu sterben mit einer brennenden Frage auf dem Herzen, als mit einem nicht mehr ganz ehrlichen Glauben: besser in der Agonie als in der Narkose."[25]

---

[25] Reinhold Schneider „Kein Ausweichen mehr", herausgegeben von Peter Modler, Freiburg-Basel-Wien, 1989, S.148 (Das Schweigen der unendlichen Räume, 1955, IX, 496 ff)

Für mich ist „Winter in Wien" eine einzige „brennende Frage", die nicht gestellt worden wäre ohne eine wirksame Hoffnungsperspektive im Hintergrund. Darum ist Schneiders Werk auch das Zeugnis eines „ganz ehrlichen Glauben"(s)! Resignation, Pessimismus oder Ignoranz wirken gleichsam wie eine negative Kontrastfolie, vor der sich die Lebenssehnsucht umso stärker abhebt, je tiefer diese Erfahrungen sind und bezeugt werden. Darum soll abschließend die Frage nach der gesellschaftlichen Relevanz jener existentiellen Fragen gestellt werden. Die Suche nach Antworten des Glaubens in „intellektueller Redlichkeit" ist nicht illegitim, ja sie drängt sich geradezu auf angesichts eines Erstarkens materialistischer Welt- und Sinndeutung. Eugen Drewermann hat wohl solche Denkmuster vor Augen gehabt als er schrieb:

"Wenn jede Art von Verbrechen dialektisch nötig sein kann, um die Freiheit des Proletariats oder wessen sonst auch immer durchzusetzen, befindet sich die gesamte menschliche Geschichte in Unfreiheit...Wer nicht von bestimmten menschlichen Werten als absoluten Größen ausgeht, verrät sich an die Geschichte, vor allem an die dialektisch interpretierte Geschichte des Marxismus, aber auch die des Kapitalismus."[26]

An anderer Stelle ist Drewermann nicht weniger eindeutig, wenn er schreibt:

---

[26] Eugen Drewermann „Wenn die Sterne Götter wären", Freiburg, 2004, S. 240

„Wie nötig wäre Religion! Wer, wenn nicht sie könnte den Menschen sagen, dass sie mehr sind als Übergangsgebilde im Stoffwechselhaushalt der Natur, dass sie zu schade sind, um sich als Konsumenten und als Produzenten im Wirtschaftskreislauf dubioser Kapitalverwerter zu verschleißen."[27]

Ganz ähnlich sieht dies Hans Urs von Balthasar:

„Was sollen die marxistischen Zukunftspläne... wenn die unzähligen vergangenen Geschlechter unerlöst bleiben?"[28] Und weiter stellt er fest:

„Marx hat zu philosophieren aufgehört, als er Hegel entsagte; so wird die Sinnfrage im Ganzen nie mehr gestellt... So kann den Prozess schließlich nur eine absolute Notwendigkeit führen. Weder Gott noch Mensch, sondern die Logik der Sache, des Kapitals, dirigiert die Geschichte."[29]

„Winter in Wien" von Reinhold Schneider ist nicht nur eine „brennende Frage". Es ist die heute so dringend

[27] Eugen Drewermann „Das Wichtigste im Leben", Ostfildern, 2015, S. 25

[28] Aus Hans Urs von Balthasar „Kleine Fibel für verunsichert Laien", Johannes – Verlag Einsiedeln, 1980, S. 22

[29] Aus Hans Urs von Balthasar „Herrlichkeit III,1", „Im Raum der Metaphysik", S. 926 f

erforderliche „Öffnung des Herzens"[30] – um des Menschen willen, denn

„immer schmaler wird die Tafel des Bräutigams, immer breiter werden die Tische, an denen niemand mehr nach Wundern verlangt."[31]

Wenn wir uns nicht ‚davonlaufen', wenn wir uns aushalten und unsere ‚Schattenseiten' annehmen und nicht verdrängen, dann wird die ‚Alternative' zum Glauben sehr klar erkennbar. Karl Rahner hat sie einmal so formuliert:

"Ist (der) Mensch bloß der Punkt in der Welt, an dem diese brennend ihrer Nichtigkeit innewird? Glüht der Geist auf, um nur schmerzlich zu erkennen, dass er aus dem Dunkel des Nichts auftaucht, um in ihm wieder zu verschwinden...?"[32]

Die gläubige Antwort lässt uns mit all unserer Angst, unserer Sorge und Existenznot nicht allein, denn wir verstehen uns nach Ausweis unseres Glaubens nur dann richtig, wenn wir in der Nachfolge unseres Menschenbruders Jesus von Nazareth Gott die Ehre geben. Das ist deshalb keine Überforderung, sondern unsere höchste

---

[30] Erstes Kapitel in „Von der Not und dem Segen des Gebetes" von Karl Rahner, Freiburg, 2004 „Beten mit Karl Rahner", Band 1

[31] Reinhold Schneider „Winter in Wien", Freiburg, Basel, Wien, 1963, S.71

[32] Karl Rahner "Das Große Kirchenjahr", Leipzig, 1987, S. 156

Möglichkeit, weil Gott uns selbst in seiner Selbstmitteilung die Möglichkeit schenkt, IHN in SEINER LIEBE wieder zu lieben. Dazu noch einmal Karl Rahner:

„Aber was eigentlich die wirkliche Mitte der christlichen Botschaft sei, darüber denken wir viel zu wenig nach... Was muss man aber auf diese Frage antworten? Wenn diese Antwort nicht das Bekenntnis wäre, dass die eigentliche Selbstmitteilung des unendlichen Gottes über alle kreatürliche Wirklichkeit und endliche Gabe Gottes hinaus das sei, was durch Jesus und ihn allein uns zugesagt, angeboten und garantiert ist, dann könnte die Wirklichkeit Jesu...nicht die absolute, allen Menschen im Ernst zu denkbarer Religion (sein). Die eigentliche und einzige Mitte des Christentums und seiner Botschaft ist darum für mich die wirkliche Selbstmitteilung Gottes in seiner eigensten Wirklichkeit und Herrlichkeit an die Kreatur, ist das Bekenntnis zu der unwahrscheinlichsten Wahrheit, dass Gott selbst mit seiner unendlichen Wirklichkeit und Herrlichkeit, Heiligkeit, Freiheit und Liebe wirklich ohne Abstrich bei uns selbst in der Kreatürlichkeit unserer Existenz ankommen kann und alles andere, was das Christentum anbietet oder von uns fordert, demgegenüber nur Vorläufigkeit oder sekundäre Konsequenz ist."[33]

---

[33] Aus „Der Denkweg Karl Rahners", Mainz 2003 (2.Auflage 2004), S.301, dort unter der Überschrift „Epilog: „Was eigentlich die wirkliche Mitte der christlichen Botschaft sei" - Karl Rahner, Erfahrungen eines katholischen Theologen, in KARL LEHMANN (HG.) Vor dem Geheimnis Gottes den Men-

II Zur Liebe berufen – Kirchliches Leben in Sozialraumbezügen[34]

„Berufen zur Caritas"[35] ist ein ermutigendes und wegweisendes Wort der deutschen Bischöfe. Es ist schon eine Weile her, doch hat es an Aktualität nichts eingebüßt, ganz im Gegenteil. Auf drei wesentliche Aspekte dieses Hirtenwortes möchte ich kurz hinweisen, die für mich in besonderer Weise Ausdruck sind für eine zeitgenössische caritative Spiritualität. Ihrer bedarf unsere Zeit in einer besonderen Weise.[36] An **erster Stelle** steht für

---

schen verstehen, Freiburg i.Br. 1984, 105-119, 109 f

[34] **„Soziologische Studien** haben in den vergangenen Jahren versucht, die gesellschaftlichen Veränderungen unserer Zeit zu beschreiben. Besonders die SINUS – Milieustudie hat sich für den kirchlichen Bereich als wichtiges Hilfsmittel erwiesen. Sie macht besonders den hohen Grad der Ausdifferenzierung gesellschaftlicher Milieus deutlich...Pastorale Akzentsetzungen aufgrund einer sozialräumlichen Verortung (Unterstr. RH) bieten zukünftig die Chance, innerhalb eines Pastoralen Raumes Anlaufstellen für unterschiedliche Milieus zu schaffen." Aus: „Pastorale Räume: Leitlinien für die Pastoral", Erzbistum Hamburg, 2011, Ziffer 3 Soziologische Anmerkungen.

[35] Die deutschen Bischöfe Nr. 91 „Berufen zur Caritas", 05.12.2009

[36] Erinnert sei an die Vorwürfe an kirchliche Einrichtungen in Bezug auf sexuelle Übergriffe und Gewaltanwendung an Schutzbefohlenen, an die Vorwürfe der Vertuschung und der Lüge. Erinnert sei aber auch an die vielen Vorurteile, dass

mich die Betonung der Einheit der kirchlichen Wesensvollzüge statt ihrer Fragmentierungg. Den Stellenwert dieser lehramtlichen Position kann man ermessen, wenn man sich zurückbesinnt auf eine theologische Kontroverse Ende des letzten Jahrhunderts.

„„Sie sind bei uns dabei! Ich weiß, wer Sie sind. Sie meinen es ehrlich, sie sind ein anonymer Christ. Der Kommissar: Nicht frech werden, Junge. Auch ich weiß jetzt genug. Der Kommissar stellt fest: „Ihr habt euch selbst liquidiert und erspart uns damit die Verfolgung. Abtreten.'"[37] Der Dialog zwischen einem Christen und einem kommunistischen Kommissar ist dem Buch „Cordula oder der Ernstfall" aus dem Jahr 1966 entnommen. Es hat eine vielbeachtete theologische Kontroverse ausgelöst, weil in ihm Hans Urs von Balthasar Nächstenliebe oder Glaubensbekenntnis alternativ als „Ernstfall des Christseins" aufzuzeigen versucht. Wir können die Grundthese des Buches hier auch nicht annähernd diskutieren. Ein Werk, das sich mit „Cordula oder der Ernstfall" explizit beschäftigt, kommt zu folgendem Resümee:

Mitarbeiter der Caritas nicht hinreichend kirchlich seien oder dass die Kirche sich ausschließlich auf den Sakralbereich. zurückziehe.

[37] Hans Urs von Balthasar „Cordula oder der Ernstfall", Johannes Verlag Einsiedeln, 1966, S. 112

„Es wird beim Lesen des Buches deutlich, dass Balthasar das Zeugnisablegen für die ‚Wahrheit' nicht primär dort situiert sieht, wo ein Christ den Nächsten liebt, sondern wo er – wie Cordula! – ein Zeugnis seines Glaubens an den Liebestod Christi ablegt."[38]

Das Wort der deutschen Bischöfe „Berufen zur Caritas", macht seinerseits eindrucksvoll darauf aufmerksam, dass es diese ‚Alternative': hier Nächstenliebe – dort Glaubensbekenntnis, gar nicht gibt, nicht geben kann, soll und darf. „Gottes ‚Ja' gilt jedem und allen Menschen und für jede Dimension ihres Lebens – dies zu bezeugen, zu verkünden und zu feiern ist die Kirche zu allen Menschen und Völkern gesandt". Und weiter: „Indem wir die tätige Nächstenliebe und zwischenmenschliche Solidarität bewusst in das Licht der menschgewordenen Liebe Gottes in Jesus Christus stellen, finden wir zu ihm und zu uns selbst. Nur wirkliche Liebe ist zu glaubwürdiger Verkündigung und Bezeugung seiner Frohen Botschaft fähig."[39] Wer über Nächstenliebe theologisch nachdenkt, muss der Frage nachgehen, was die Menschwerdung Gottes in Jesus von Nazareth für das Mensch-sein bedeutet. Der ehemalige Papst Benedikt

---

[38] Andrea Tafferner „Gottes – und Nächstenliebe in der deutschsprachigen Theologie des 20. Jahrhunderts", Tyrolia, Innsbruck, Wien, 1992, S. 177.

[39] Die deutschen Bischöfe Nr. 91 „Berufen zur Caritas", 05.12.2009, S. 33/34 (4.3.).

drückte dies seinerzeit prägnant aus, wenn er formulierte:

„Wenn Jesus der exemplarische Mensch ist...dann kann er nicht dazu bestimmt sein, nur eine absolute Ausnahme zu sein, eine Kuriosität, in der Gott uns demonstriert, was alles möglich ist."[40] Und an anderer Stelle: *„Es bleibt mithin gültig bestehen, dass die wahrhaft Liebenden, die als solche zugleich Glaubende sind, Christen heißen dürfen."*[41]

Diesen Worten sollte sich kirchliches Leben, auch kirchliche Verkündigung, immer bewusst bleiben. Mutter Theresa berichtet von der Kommunion, die sie täglich zweimal empfängt: einmal in der Feier der heiligen Eucharistie. Und dann in der Begegnung mit den Ärmsten der Armen.

Hier sei noch einmal auf die o. g. Theologische Kontroverse verwiesen:

„Wo auch immer Liebe im Vollsinn des Wortes vorliegt: wo jemand sich selbst vergisst und den anderen liebend annimmt, für menschliche Freiheit und Würde kämpft,

---

[40] Josef Ratzinger „Einführung in das Christentum", Kösel, München, 1968, S. 191, vgl. auch die Neuausgabe, Kösel, 2000, S. 222

[41] Josef Ratzinger „Umkehr zur Mitte", St. Benno – Verlag GmbH Leipzig,1981, S. 71 f (Original aus „Vom Sinn des Christseins", Kösel, München, 1971,53 - 70)

dort ist diese Liebe Annahme des Angebots der Gnade Gottes, Annahme der von Gott in Christus angenommenen Menschheit, dort ist sie Offenheit auf Gott – unabhängig davon, ob sie um dieses Gott – Geheimnis weiß oder nicht." [42]

Deshalb können wir sogar sagen, dass die Nächstenliebe (und Selbstliebe!) jene Orte sind, in der die Gottesliebe ihre maßgebliche Zeichengestalt in dieser Gesellschaft und in unserer Geschichte gewinnt.

Die Bischöfe betonen unmissverständlich **die unausweichliche Herausforderung der Sinnfrage.**[43] Der explizite oder der unreflektierte Positivismus, der weitgehend heute zum Durchbruch im gesellschaftlichen Denken und Leben gekommen zu sein scheint, lässt genau die Sinnfrage als sinnvoll nicht gelten. Was nicht messbar, prüfbar, wägbar und wiederholbar ist im Experiment, ist entweder nicht vorhanden oder es ist irrelevant, bedeutungslos für das tatsächliche Leben, dessen Fragen, Sorgen, Nöte und Hoffnungen. Was nicht exakt beschreibbar ist, was nicht bestimmbar ist, darüber kann man auch nicht wirklich nachdenken. Die Sinnfrage ist des-halb sinnlos, nutzlos, irrelevant, ja ‚gegenstandslos'. Damit ist aber der Frage nach dem Ganzen, nach sich selbst und nach ‚Gott' die Grundlage

---

[42] Andrea Tafferner, ebenda, S. 228

[43] Die deutschen Bischöfe Nr. 91 „Berufen zur Caritas", S.43 (5.2.)

entzogen. Religion, Weltdeutungen sind „Glasperlen-spiele"[44] und haben – wenn überhaupt – vielleicht noch die Bedeutung, dass sie mithelfen können, das alltägliche Einerlei und die damit einhergehende Langeweile zu unterbrechen.

Wie viele kirchliche Stellen erleben in ungezählten Beratungsgesprächen, dass materieller Fortschritt und ein relativ abgesichertes Leben nicht in der Lage sind, die Fragen und Sehnsüchte des modernen Menschen hinreichend zufrieden zu stellen? Immer wieder – solange Menschen als Menschen leben – wird gefragt nach dem, was bleibt! Der Mensch ist „Hörer des Wortes"[45]. Und ich werde erinnert daran, was Karl Rahner in einem seiner bekanntesten Bücher über den Menschen in seiner Sehnsucht nach Gott geschrieben hat:

„Weiß der Mensch von heute aus sich wirklich mehr von sich, als dass er eine Frage ist in eine grenzenlose Finsternis hinein, eine Frage, die nur weiß, dass die Last der Fragwürdigkeit bitterer ist, als dass der Mensch sie auf die Dauer erträgt?"[46]

---

[44] Anspielung auf ein bekanntes Buch von Hermann Hesse „Glasperlenspiele", Zürich 1973

[45] Buchtitel von Karl Rahner

[46] „Beten mit Karl Rahner", Herder, Freiburg, 2004, Band 1 „Von der Not und dem Segen des Gebetes", S. 67 f

Und damit bin ich schon bei dem für mich wichtigsten Aspekt dieses bischöflichen Schreibens. Er ist überschrieben mit „**Segen und Not des Gebetes**".[47] Der Christ der Zukunft, so formulierte Karl Rahner in einem bekannten programmatischen Wort, wird ein „Mystiker" sein, oder er wird nicht mehr sein. Und er meinte damit: Dieser Christ sei einer, der etwas erfahren hat. Und Rahner zeigte auch die Konsequenz für den Glauben auf, wenn diese Erfahrung ausfällt. Der Glaube wird deshalb schlicht nicht mehr sein, weil es für den Glauben der Zukunft keine sekundären Abstützungen durch Sitte, Brauchtum, Gesellschaft oder gar Staat geben werde! In Abwandlung dieses Wortes möchte ich sagen: Ein Mensch der Caritas wird ein Beter sein – oder er wird nicht mehr sein, weil ein sozial engagierter Mensch nur in solch einem weiten Gebetsverständnis sein Tun, seine Grenzen und seine Schwächen in der Hoffnung auf Gott los lassen, ja sich ihm restlos anvertrauen kann. Ohne solchen Akt des Gebetes würden Menschen im caritativen Dienst sich entweder hoffnungslos überfordern oder ihre Berufung lediglich als eine unter mehreren Spielarten reiner Erwerbstätigkeit missverstehen. Außerdem schafft diese Dimension nicht nur den nötigen Abstand, der erforderlich ist, um im Sozialbereich professionell helfen zu können. Caritas würde ohne diese Grundlage jede Gelassenheit vermissen lassen und jene Freiheitsdimension verraten, die sie von einer

---

[47] Die deutschen Bischöfe Nr. 91 „Berufen zur Caritas", S.44 (5.2.)

doktrinären Ideologie unterscheidet. Umgekehrt wird es Aufgabe von Kirche und Caritas sein und bleiben, verborgene, sich selbst nicht so bezeichnende Vollzüge von Glaube, Hoffnung und Liebe im alltäglichen Leben wahrzunehmen, aufzuspüren und zu entdecken, dass in ihnen Gottes Gnade oft viel tiefer und weiter reicht, als unsere Fantasie es vermutet.

Abschließend seien auf dieser Grundlage noch einige **Impulse** benannt, die sich ergeben für die so genannten ‚**Pastoralen Räume‘,** über die derzeit in vielen Bistümern deutschlandweit diskutiert wird.

Wenn christlicher Glaube sich als missionarischer Glaube versteht, weil man nicht wirklich Hoffnung und Freude hat, wenn man sie verschweigt, dann bieten sich für dieses Verständnis zwei Begriffe vorrangig an:

Kirche als Sakrament des Heils. Der Schweizer Theologe Hans Urs von Balthasar hat schon sehr früh ein kritisches Augenmerk gelegt auf die Gestalt der Kirche, indem er schrieb:

"Die Veräußerlichung des Kirchenverhältnisses für eine überwiegende Zahl von Kirchenmitgliedern, wie es für lange Jahrhunderte feststellbar ist, kann... nur als eine Verdunkelung des Eigentlichen und Ursprünglichen angesehen werden, ihre Überwindung als das Hinausschaffen eines Fremdkörpers."[48]

---

[48] Hans Urs von Balthasar „Schleifung der Bastionen", Einsiedeln, 1952, S. 79

Als getaufte und gefirmte Christen – in unterschiedlichen Rollen, mit unterschiedlichen Gaben - haben wir alle gemeinsam *teil an der einen Sendung Jesu Christi*. Damit ist **Sendung** das zweite Stichwort, mit dem die Rolle, Aufgabe und Bedeutung christlichen Lebens für die Gesellschaft heute authentisch beschrieben werden kann. Und auch hier hat Karl Rahner – bezeichnender Weise in einem seiner Gebete – für die nötige ‚Klarstellung‘ gesorgt, indem er die Position eines so genannten ‚Laien‘ eindeutig theologisch bestimmte:

„Die Amtsträger stehen... in dem, worauf es allerletztlich ankommt, nicht über, sondern neben mir. Und die Gnade Gottes kommt nicht nur durch die sakramentalen Zeichen...auf mich zu, sondern bleibt darüber hinaus in der freien Verfügung Gottes..."[49]

Eng verbunden mit dieser ‚Standortbestimmung‘ ist damit der *Ausschluss jeder Engführung in der Seelsorge und Pastoral*. Der *Pastorale Raum*, der schon namentlich ausdrücklich Bezug nimmt auf den Sozialraum, bildet dies sowohl inhaltlich als auch strukturell klar ab:

Die Pfarrei mit den Gemeinden und Orten kirchlichen Lebens sind in einen Sozialraum gestellt, in denen auch andere Netzwerke tätig sind, die für die kirchliche Aufgabe, Sakrament des Heils in der Welt und für die Welt zu sein, von Bedeutung sind.[50]

---

[49] Karl Rahner „Gebete des Lebens", Freiburg, 1993 (Neuausgabe), S. 163

[50] Aus diesem Grunde ist auch der Begriff *„Gemeindecaritas"* zu eng gefasst.

Damit ist auch deutlich: Das *Hauptarbeitsfeld des ‚Laien'* ist – bei aller Verwurzelung in Gemeinde und Kirche-nicht der binnenkirchliche Bereich sondern *der Sozialraum*, in den hinein Kirche vor Ort gestellt ist.[51]

„Das letzte Wort der Theologie ist die Aufforderung, die Nächstenliebe zu vollziehen... als Erfüllung des Begriffes, den Gott mit seiner Inkarnation vom Menschen gebildet hat."[52]

Das *„letzte Wort der Theologie"* öffnet den Blick, es lässt Weite und Tiefe des Menschen in christlicher Perspektive ahnen, weil der Mensch es mit Gott selbst zu tun hat! Er kann sich ohne Gott im Letzten nicht wirklich verstehen. Und: Gottes Selbstmitteilung ist tatsächlich *jedem Menschen* angeboten. Dieses Ergebnis recht verstandener Trinitätstheologie ist theologische Grundüberzeugung Karl Rahners,

„dass jeder Mensch seinshaft und bewusstseinsmäßig durch die universal zumindest angebotene Gnade bestimmt ist. Diese ist ...nicht ...eine abstrakte, transzendentale Gnade, sondern sie ist stets konkret-geschichtlich vermittelt, weil sie immer und überall

---

[51] So wichtig diese Zuordnung ist, so sehr muss dieser Dienst mit darauf achten, dass kirchlich-caritative Initiativen sich gegenseitig wahrnehmen, wertschätzen, ergänzen und verstärken und nicht gegeneinander ausgespielt werden. Ein weiterer Aspekt ist – unbeschadet der zentralen Bedeutung der Feier der sonntäglichen Eucharistie – dass auch andere Formen von Gottesdiensten entwickelt, gefördert und gewürdigt werden. In ihnen hat der ‚Laie' eine Rolle, die nichts gemein hat mit der des passiven Zuhörers und Zuschauers.

[52] Ralf Miggelbrink „Ekstatische Gottesliebe im tätigen Weltbezug", Altenberge 1989, S. 317

analog die Struktur des Gottmenschen Jesus Christus an sich trägt, indem sie in unüberbietbar erfüllter und endgültig normierender geschichtlicher Konkretheit erschienen ist."[53]

Wie steht es aber um jene Menschen, die die Botschaft des Jesus von Nazareth nie vernommen haben oder die sie so vernommen haben, dass sie ihnen unglaubwürdig vor-kommt? Die sie deshalb auch nicht annehmen können.

„Erlöster müssten mir die Erlösten aussehen" - Dieses Wort hat nicht nur Nietzsche[54] kritisch auf die Christen seiner Zeit angewandt. Selbstkritisch sollten auch wir uns fragen, ob wir nicht auch manchen Schatten werfen auf das Licht des Glaubens. Fragen sollten wir uns auch, ob man uns die Freude ansieht über unsere Berufung, ob wir nicht nur mit dem Mund, sondern vielmehr mit und aus ganzem ‚Herzen', glauben. Karl Rahner fand für die Gefahr, dass wir uns selber genügen, dass wir eng werden und uns in uns selbst verschließen – auch im Glauben, der sich dann selber aufhebt – ein treffendes Bildwort. Er sprach vom „verschütteten Herzen".

„Und – das ist für uns fast das Entscheidende – wir sind nie dieser Gefahr des Verschüttetwerdens enthoben wir, die sogenannten guten Christen, die Kirchentreuen, die ‚Praktizierenden'. Wir können so in unserem patentierten Christentum dahinleben und dahinpraktizieren – und vielleicht ist das Herz schon längst ein verschüttetes

---

[53] Schwerdtfeger „Gnade und Welt", Freiburg, 1982, S. 345

[54] Vgl. Nietzsche Register, Richard Oehler, Stuttgart, 1943, S.104-Stichwort: Erlösung

Herz. Denn diese Einstürze machen keinen Lärm. Die Herzen wandeln sich leise."[55]

Hier eröffnet sich eine große Chance zum Dialog, denn Kirche ist nie nur Lehrende, sondern auch immer Lernende.

„Anonyme Christlichkeit bezeichnet so eine um der Nächstenliebe willen unbedingt zu nutzende Chance, mit allen Menschen in eine notwendig auch immer kontroverse Verständigung über den Glauben einzutreten, von der der Christ nun aber auf der Grundlage der Theorie vom anonymen Christsein annehmen muss, dass er seinem nichtchristlichen Mitmenschen nicht absolut von außen indoktriniert werden muss. Umgekehrt wird aber der Christ, wenn es innerhalb der sich nicht christlich verstehenden Welt echte christliche Glaubensvollzüge im Lichte der übernatürlichen Selbstmitteilung Gottes geben mag, und wenn er damit rechnen muss, dass solche Vollzüge mit wahren Einsichten verbunden sind, auch um des eigenen Heiles willen offenen Herzens auf den Anderen hören müssen." [56]

Neu-Evangelisierung hat es zu tun mit der *Wahrnehmung und Wertschätzung der 'anonyme(n) Christlichkeit' der weltlichen Existenz und des Dienstes an der Welt".* Die Würdigung dieser „heutigen christlichen Glaubens-

---

[55] „Beten mit Karl Rahner", Freiburg 2004, Band 1 „Von der Not und dem Segen des Gebetes", S. 54

[56] Ralf Miggelbrink „Ekstatische Gottesliebe im tätigen Weltbezug", Altenberge, 1989, S. 198

gestalt" erfolgt in dem Maße, in dem wir noch stärker, noch bewusster und dankbarer bedenken und beherzigen, *dass „anonyme Christlichkeit" wesentliches „inneres Moment an einer heutigen christlichen Glaubensgestalt" ist.*[57] *Vielleicht gelingt es Menschen, die sich nicht mit uns als Kirche, als Glaubende identifizieren, das, was wir meinen, mitunter besser zu leben, als wir es vermögen. Wir sollten darum um mehr Sensibilität und mehr Offenheit bitten, um jene Spuren echter Nächsten- und Gottesliebe zu erkennen, die sich nicht auf den ersten Blick als solche zu erkennen geben.*

"'Wenn Gott selbst nach dem II. Vatikanum auch noch das Heil dessen sein kann, der meint, in wirklicher Redlichkeit und so in Unschuld ein Atheist sein zu müssen, dann kann er auch im Leben des Christen noch dort sein, wo ohne ausdrückliche Frömmigkeit das weltliche Leben fröhlich, frisch, ernst und tapfer gelebt wird. Hier liegt der wahre Sinn des oft sich selbst nicht verstehenden Redens von einer 'Weltfrömmigkeit'" (VII, 24). Natürlich hat die katholische Glaubenslehre immer gewusst, dass nicht nur die Sakramente und eigentliche geistliche Übungen, sondern alle sittlichen Akte, die im Stand der Gnade getan werden, 'verdienstlich' sind und die Gnade wachsen lassen. Aber zu einer Überzeugung, die das konkrete Leben formt, mag diese Lehre doch erst durch die Theorie von einem 'anonymen Christsein' werden. Sie

---

[57] „Indes hat sogar die Kirche als ganze nicht schlechthin die Fülle der Glaubens eingeholt...Denn außerhalb der katholischen Kirche, ja außerhalb der Christenheit gibt es Objektivationen des Heiligen Geistes...Darum muss die Kirche für solche Objektivationen der Gnade aufgeschlossen sein und sie zu entdecken suchen...Die Kirche ist mithin nicht nur die Spenderin der Gnade, sondern sie wird selbst durch den Glauben jener bereichert, die noch jenseits ihrer sichtbaren Grenzen stehen." („Gnade und Welt", S. 423)

leitet nach Rahner gewissermaßen eine 'kopernikanische Wende' in der Frömmigkeit des Christen ein, indem sie die 'anonyme Christlichkeit' der weltlichen Existenz und des Dienstes an der Welt ausdrücklich vor Augen stellt und als inneres Moment an einer heutigen christlichen Glaubensgestalt schärfer zu sehen lehrt."[58]

Neben der *Vernetzung* zwischen Gemeinden, Orten kirchlichen Lebens, anderen Diensten und Einrichtungen im Sozialraum, im politisch-gesellschaftlichen Bereich und den Verantwortlichen in den Pastoralen Räumen, ist also ein weiterer Aufgabenschwerpunkt die *Schärfung des kirchlichen Profils der Dienste und Einrichtungen sowie des diakonalen Charakters unserer Gemeinden.* Dies geschieht nicht abstrakt oder im sprichwörtlichen ‚kleinen Kämmerlein'. Hier geht es auch nicht um wortreiche Begründungen, sondern eher um das alltägliche Tun, um den Vollzug der Nächstenliebe, der sich konkreten Ausdruck verschafft und damit das Eigentliche christlich-gläubiger Existenz erkennbar zum Tragen bringt, ja durch seine Wirksamkeit auch seine tiefe Wahrheit entfaltet. Das Pastoralgespräch im Erzbistum Hamburg „Das Salz im Norden" mit seinen sieben Leitsätzen[59] wird in dieser Frage sehr konkret, wenn beispielsweise Leitsatz 7 betont, dass es wichtig sei, *„stärker in die Öffentlichkeit (zu) gehen und Position (zu) beziehen"*[60] oder wenn mehr *„Engagement in Gesellschaft und Politik"* nicht nur als Forderung erhoben wird,

---

[58] Nikolaus Schwerdtfeger "Gnade und Welt", S. 423

[59] „Das Salz im Norden" – Pastoralgespräch im Erzbistum Hamburg, Hamburg, 2005

[60] Ebenda, S. 16

sondern deren Förderung an ganz praktischen Beispielen erläutert wird, dass nämlich „Stadtteilinitiativen unterstützt werden" (sollen) und dass mit *„engagementfördernden Einrichtungen (z.B. Jugendeinrichtungen oder Seniorenbüros) kooperiert wird."*[61] Dahinter steht „die absolut beunruhigenden Zusage, dass Gottes Heilswille dem innerweltlichen Heilshandeln der Kirche ‚vorwegläuft' und Gott so seine Kirche zum Nachkommen drängt".[62]

Dabei soll indes nicht aus dem Blick geraten: Wesentlich für kirchlich-caritatives Tun ist das Hören, denn „Der Glaube kommt vom Hören".

Kirchliches Leben in Sozialraumbezügen muss nicht nur *geistlich tief verwurzelt* sein, es muss auch spirituell kontinuierlich begleitet werden.

„Ein Hauptproblem ist die Spaltung des Lebens in vollständig profanisierte Bereiche und religiöse Binnenräume. Dies macht es schwierig, die christliche Tradition mit der Welterfahrung in Einklang zu bringen, und zwar nicht zuerst deshalb, weil das Christsein erneuerungsbedürftig wäre, sondern weil verstärkt Entfremdungsmechanismen in der Gesellschaft wirken, welche die leibseelische Integrität der Person antasten. Die natürliche Erfahrungsbasis der Religion wird untergraben. Hinzu kommt eine wachsende Unfähigkeit zur Sammlung, die jede spirituelle Einsicht und Praxis erschwert. Neben ethischen Konflikten ergibt sich daraus

---

[61] Ebenda, S. 16

[62] Ralf Miggelbrink „Ektatische Gottesliebe im tätigen Weltbezug", Altenberg 1989, S. 150

für das geistliche Leben vor allem die Schwierigkeit eine kontemplative Innerlichkeit mit der im Alltag notwendigen rationalen Differenziertheit zu verbinden: ‚Wie kann eine so schnell voranschreitende Zersplitterung der Einzeldisziplinen mit der Notwendigkeit in Einklang gebracht werden, sie in eine Synthese zu bringen und dem Menschen die Fähigkeit zu jener Kontemplation und zu jenem Staunen zu wahren, die zur Weisheit führen?‘ (Gaudium et spes).[63] *Ein wichtiges Ziel ist es, dass in Pastoralen Räumen die nötigen spirituellen Hilfen, institutionelle Strukturen und Gemeinschaftsformen für ein christliches Leben im Alltag bereitgestellt werden. Dazu ist es hilfreich, die kontemplative Dimension des Christseins mehr zu pflegen. Es gilt, die Spaltung von Wissen und Weisheit, Spiritualität und Pfarrei, Mystik und Institution zu überwinden."*[64]

Die Frage, die deshalb im Raum stehen bleibt und die jederzeit neu bedacht werden muss, ist jene nach der Authentizität, der Identität, mit einem Wort nach der eigenen Spiritualität. Hier gibt es keine Patentrezepte, hier wird jeder Einzelne seinen Weg finden müssen.

„Eine besondere Funktion im kirchlichen Leben haben Orte, an denen sich der Sendungsauftrag institutio-

---

[63] GS, 56

[64] Andreas Schönfeld „Spirituelle Grundlagen für Pastorale Räume im Erzbistum Hamburg, Hamburg 2012, S.12f

nalisiert.[65] Kindertagesstätten, Schulen, Generationen-häuser, Jugendhäuser, Sozialstationen, Einrichtungen der 'Ehe – Lebens – und Familienberatung, Bildungseinrichtungen, Krankenhäuser, Hospize, Gefängnisse und viele weitere Einrichtungen sind als Orte des alltäglichen Lebens Brücken für die kirchliche Sendung. In ihnen wird das Zeugnis des christlichen Glaubens in besonderer Weise konkret und lebensrelevant. Dies gilt besonders für Einrichtungen und Projekte der CARITAS des Erzbistums.... Die Einrichtungen sind '**Orte kirchlichen Lebens**' und verstehen sich als Teil des Pastoralen Raumes... 'Orte kirchlichen Lebens' werden...für breite gesellschaftliche Schichten den entscheidenden Kontaktpunkt zur Kirche und den Fragen des Glaubens bilden. Es ist vor Ort mit sehr unterschiedlichen Graden der Identifikation mit der Katholischen Kirche zu rechnen. Die Pastoralen Räume können partielle Identifikationen (mit der Pfarrei, mit einer bestimmten Gemeinde, mit einem bestimmten 'Ort kirchlichen Lebens') als Chance erfassen. Sie bilden vor allem im Fall der 'Orte kirchlichen Lebens' möglicherweise Stationen auf dem Weg, auf dem die einzelnen in die Gemeinschaft der Kirche hineinwachsen. Mit einem unterschiedlich akzentuierten Angebot kommt die Kirche hier allen Menschen, besonders den Suchenden entgegen."

---

[65] „Pastorale Räume – Leitlinien für die Pastoral", Erzbistum Hamburg, 2011, Ziffer 2 „Ableitungen für die Pastoral" und 3. Soziologische Anmerkungen

Wichtig scheint mir, dass klar ist (und bleibt): Ohne Verwurzelung im Glauben mögen soziale Themen methodisch exakt und angemessen bearbeitet werden können. Eine ganzheitliche Sicht auf den Menschen, die die Sinnfrage nicht verdrängt, verlangt mehr. Vielleicht hören wir abschließend an dieser Stelle noch einmal auf Karl Rahner, der auf die Frage nach dem Gebet in seinem Leben antwortete:

„Ich hoffe, dass ich bete. Sehen Sie, wenn ich in meinem Leben immer wieder in großen und kleinen Stunden eigentlich merke, wie ich an das unsagbare, heilige, liebende Geheimnis grenze, das wir Gott nennen, und wenn ich mich dem stelle, gleichsam auf dieses Geheimnis mich vertrauend, hoffend und liebend einlasse, wenn ich dieses Geheimnis annehme, dann bete ich – und ich hoffe, dass ich das tue."[66]

---

[66] „Beten mit Karl Rahner", Herder, Freiburg, 2004, Band 2 „Gebete des Lebens", S. 10/13

„Sucht die Nähe Gottes; dann wird er sich euch nähern" (Jak. 4, 8) – Karl Rahner als Glaubenszeuge

Das Denken Karl Rahners ist zweipolig. Es handelt immer **zugleich** vom Menschen und von Gott. Rahner dachte immer **vom Menschen** her, weil Gott sich uns zu unserem Heil geoffenbart hat. Und damit zugleich immer auch **von Gott her**, weil nichts am Menschen verstanden werden kann ohne seine Verwiesenheit auf – wie Rahner es oft ausdrückte – das heilige und unbegreifliche Geheimnis. Dieses Geheimnis ist nicht nur der letzte „Zielpunkt" aller menschlichen Vollzüge, es eröffnet und trägt diese. Seine göttliche Zuwendung ist gleichzeitig die Ermöglichung menschlicher Freiheit, Erkenntnis und Subjekthaftigkeit. Darum kann im Menschen auch eine Ahnung aufkommen, dass er in seinem Sein eine „verdankte Existenz" ist. Diese „Qualifikation" ist geeignet, Grund, Mitte und Ziel menschlichen Seins ebenfalls als personales Subjekt – im Unterschied zu eshafter Unbewusstheit – zu ahnen. Gleichzeitig wird deutlich, dass nur ein Subjekt ohne alle Begrenztheit, die unendliche Dimension, die der Mensch erlebt, ja, die er im Letzten ist, tragen und erfüllen kann.

Mit anderen Worten: Der Mensch kann nur richtig verstanden werden, wenn deutlich wird, dass in allen menschlichen Vollzügen er „über sich hinaus" ist. Hoffen, Sehnen, Fragen, Klagen, Bangen, Lieben und Vertrauen –

all dies sind menschliche Vollzüge, in denen der Mensch sich „überschreitet". Karl Rahner wurde nicht müde, diese Vollzüge des ganz Alltäglichen zu beschreiben, auf sie hinzuweisen, sie zu befragen nach der „Bedingung ihrer Möglichkeit". Denn in ihnen steckt eine unbegrenzbare Dynamik, die uns ahnen lässt, wie sehr wir angewiesen sind auf ein unbedingtes Wort der Annahme, auf bedingungslose Liebe. Alle Religionen künden von dieser Ahnung, wir Christen sprechen von Gott, der sich uns in Jesus selbst geschenkt hat.

Karl Rahner beschrieb in vielen Meditationen und „Anläufen", dass in all diesen menschlichen Grundvollzügen das „am Werke ist", was wir in der Kirchensprache **„Gnade"** nennen. Weil Gott uns liebt – so sehr, dass er uns in seinem Sohn so nahe gekommen ist, dass er SICH SELBST an uns verschenkt – sind wir Person, Wesen, die mit Namen gerufen sind. In seiner Liebe – und nur in ihr – ist unsere unendliche Würde „hinterlegt". Seine Liebe begründet eine berechtigte Hoffnung, dass unser Leben kein wertloser Versuch ist. Weil das für jeden Menschen gilt, ist diese göttliche Gabe, dieses Geschenk, zugleich Aufgabe und Auftrag – mitzuwirken, dass ein jeder entdecken kann, dass der „Mensch nicht vom Brot alleine lebt." Darum ist recht verstandener Glaube immer auch kirchlicher Glaube: Die Gemeinschaft von Zeugen einer unbesiegbaren Hoffnung für alle, für die ganze Schöpfung. Die **Kirchlichkeit des Glaubens** ist ein weiteres wesentliches Kennzeichen der Theologie Karl Rahners.

Die Botschaft der – **von Gott her eröffneten und getragenen und deshalb als gnadenhaft zu bezeichnenden** – **Transzendenz** des Menschen, seine Berufung zum Leben in Gemeinschaft mit Gott selbst, ist heute vielleicht <u>das</u> „Bollwerk" gegen jede Verkürzung und **Reduzierung des Menschen.** Derer gibt es viele, sei es, den Menschen zu „definieren" als Ensemble gesellschaftlicher Prozesse und Verhältnisse, als „Produkt" der Evolution oder des Zufalls, als „Überlebensmaschine" der Gene und Meme oder als Funktion ausschließlich von Hirnprozessen, als Objekt wirtschaftlicher oder politischer Interessen oder wie immer jeglicher Reduktionismus sich begründet.

Der kirchlichen Verkündigung kommt – um des Menschen willen! - gerade heute schon deshalb eine unverzichtbare Aufgabe zu! Die Frage nach dem Menschen offen zu halten und jeglicher Verkürzung zu wehren, deutlich und vernehmbar zu machen: Die entscheidende Dimension des Menschen ist die zu Gott selbst. Sie ist seine tiefste, von Gott - dem unendlich liebenden Geheimnis – eröffnete Möglichkeit. Und damit wird auch ersichtlich, dass die Liebe Gottes nicht nur unendlich ist. Sie ist zugleich so unbegreiflich, wie Gott unbegreiflich ist.

„Was hast Du, das Du nicht empfangen hättest?"[67], so deutet Rahner diese Beziehung aus. Oder – eine andere,

---

[67] „Beten mit Karl Rahner", Herder-Freiburg, 2004, der Band „Von der Not und dem Segen des Gebetes", S. 165

mehr anthropologische - Blickrichtung: *„Weiß der Mensch von sich aus sich wirklich mehr von sich, als dass er eine Frage ist in eine grenzenlose Finsternis hinein, eine Frage, die nur weiß, dass die Last der Fragwürdigkeit bitterer ist, als dass der Mensch sie auf die Dauer erträgt?"* [68] Und noch einmal anders gewendet: *„Was dir genommen werden kann, ist nie Gott".* [69] Gott befähigt uns, Ihn in seiner Liebe wieder zu lieben. Dies geschieht besonders in der Liebe zum Nächsten, zur ganzen Schöpfung und im Sich - Offenhalten gegenüber jeglichem Wahrheitsanspruch.

Bei Karl Rahner sind **Leben, Denken und Beten untrennbar miteinander verbunden.** Auch dies ist ein weiteres Merkmal seiner Theologie. Seine Sprache – besonders in seinen mehr „frommen Schriften" – ist sowohl von tiefer Reflexion als auch von ausdrucksstarken Bildern geprägt. Es ist eine ‚geerdete' Sprache, die die Botschaft des Glaubens mit unserer alltäglichen Situation in Verbindung bringt. Dadurch erweist sie sowohl die Lebendigkeit des Glaubens als auch seine unersetzbare Bedeutung für den Lebensvollzug.

Karl Rahner macht Ernst mit der Tatsache, dass der Mensch nicht nur viele Fragen hat, sondern – gerade deshalb - wesentlich Frage **ist.** Und deshalb **ist** der Mensch auch wesentlich ein **„Hörer des Wortes"**, er

---

[68] Ebenda, S. 68

[69] Ebenda, S. 56

muss nach dem Wort, das Gott ihm sagt, Ausschau halten. In der Geschichte begegnet ihm das Zeugnis des Jesus von Nazareth, das Zeugnis jener, die IHM geglaubt haben, die auf SEINE Zusage ihr Leben bauten und bauen, die IHN erfahren haben. Niemandem wird die Alternative abgenommen, zu entscheiden, welches das Fundament seines Lebens ist. Wer meint, sich nicht entscheiden zu können oder entscheiden zu müssen, auch der hat sich schon entschieden. Und er hat die Beweislast auf seiner Seite, nachzuweisen, warum es sinnvoller ist, sich zu enthalten als sich der Botschaft eines unendlich liebenden Gottes gegenüber offen zu halten. Wer die Botschaft des menschenfreundlichen Gottes bewusst ablehnt, muss seine Alternative herzeigen! Dann wird sich erweisen, ob es um ein Mehr oder ein Weniger von „Leben in Fülle" geht.

Es ist Karl Rahners tiefste Überzeugung, dass im Menschen Jesus von Nazareth, Gott die Frage, die wir **sind,** angenommen und zugleich mit **Sich selbst als Antwort** verbunden hat.

„Man ist nicht gezwungen, diesem Wort vom Kreuz herunter zu uns und in die Abgründe des Geheimnisses des Daseins zu glauben. Aber man kann es. Man muss nur Ihm zuhören und Ihn anschauen. Dann spricht der Gekreuzigte das Bild unseres Daseins, auch die Antwort,

die in Ihm, dem menschgewordenen göttlichen Wort, Gott auf die Frage gegeben hat, die wir sind."[70]

Die „Spurensuche des Glaubens" an der Hand Karl Rahners wird verschiedene Aspekte zu bedenken und zu berücksichtigen haben, die ich abschließend, gleichsam summarisch zusammenfassend, benenne:

- Die zu leistende „**Zeitgenossenschaft**" der Verkündigung kann nur authentisch erfolgen aus der Treue zur umfassenden kirchlich-christlichen Tradition.

- Das ist nur möglich auf der Grundlage eines geschärften Blickes und hinreichender Sensibilität für jene konkreten, zeitbedingten Aufgabenstellungen, die sich aus eben dieser „Zeitgenossenshaft" und dem Beerben der kirchlichen **Tradition** gleichermaßen ergeben.

- Dabei bewahrt gerade die **Einheit von theoretischer und praktischer Vernunft** in der Theologie Karl Rahners davor, in eine unfruchtbare „ästhetische Glaubensschau" abzugleiten oder in einen flachen Humanismus, der „Gott für den Menschen ‚verbrauchen'" will und Theologie in Psychologie, Pädagogik oder Soziologie auflöst.

---

[70] Karl Rahner „Meditationen zum Kirchenjahr", Benno-Verlag Leipzig, 1967, S. 217

- Die überragende Bedeutung der Anerkennung der **Wirksamkeit des allgemeinen Heilswillens Gottes** in Rahners Theologie, der sich durch das Ursakrament Christus und das Grundsakrament Kirche in der Welt zur Erscheinung bringt, wehrt der Versuchung, weltimmanente Kräfte absolut zu setzen und ihre Endlichkeiten zu übersehen oder zu verdrängen. Damit ist der Kirche auch aufgetragen, tiefer und weiter über ihre eigene Wahrheit, ihr Sein, ihren Sinn und ihre Sendung nachzudenken, weil deutlich bleiben muss, dass Gottes Heil wirklich allen Menschen gilt und dass es seine ‚Grenze' nur finden kann an einem schuldhaften (?) Gewissen.

- Die Sensibilisierung der Möglichkeiten und Grenzen menschlichen Bemühens gleichermaßen erweisen ihn als **„Geist in Welt"** und als **„Hörer des Wortes",** der sich das, was er zum Leben braucht, nicht selber geben kann. Der Mensch versteht sich nur richtig als Verfügter, nicht als Verfügender!

- Gegen jede Art und Form von Weltflucht steht bei Karl Rahner die Betonung der **„inkarnatorischen Struktur" der Gnade**, die als Selbstmitteilung Gottes die gesamte Schöpfung „untergreift".

- Daraus ergibt sich auch die Notwendigkeit des **Dialogs der Kirche** mit allen gesellschaftlichen Schichten und wissenschaftlichen bzw. kulturellen Äußerungen. Der allgemeine Heilswille Gottes ermöglicht deshalb einen wahren und fairen Dialog, weil „der Andere" nicht „Objekt", sondern „Subjekt" im Dialog der Glaubensverkündigung ist.

- Somit ergibt sich auch eine Vertiefung des Verständnisses der „**Evangelisation**". Weil Kirche nicht nur Lehrende, sondern auch Lernende ist, ist sie Gemeinschaft jener, die eine Hoffnung bezeugen, die allen gilt.

- So sehr die Notwendigkeit von „**Mystagogie**" heute gesehen und betont wird, damit die „Öffnung des Herzens" gelingt, so entlastend ist das Wissen darum, dass **Gott in seiner Gnade „unserem Tun immer schon zuvor kommt",** dass SEIN Heiliger Geist „immer schon" das Wollen und Vollbringen schenkt und dass Gott uns in Jesus Christus in absoluter, irreversibler Art und Weise seine „menschgewordene Zusage" geschenkt hat. Richtig betrachtet, ist eine Mystagogie, eine „Einweisung in das uns umgebende, liebende Geheimnis, eigentlich auch nur möglich auf dieser Grundlage der zuvorkommenden und tragenden Liebe Gottes.

- Weil vom **Menschen** nicht sinnvoll gesprochen werden kann, ohne dass „**Gott**" dabei in den Blick kommt, weil Gott andererseits kein „Gegenstand ist, „**über**" den geredet, sondern „**zu**" dem gesprochen wird, darum ist **Gebet** ein – von Gottes Gnade getragener - umfassender Vollzug menschlichen Lebens, darum wird nur im Gebet gleichermaßen die „Not und der Segen" eines „gottkonfrontierten Lebens" erfahren.

Karl Rahner hat eine Formulierung geprägt, die das Wesen des Menschen in einer schönen und tiefen Weise aussagt. Sie soll diese Überlegungen gleichermaßen abschließen und zusammenfassen:

„Wir sind unterwegs, Wanderer zwischen zwei Welten. Weil wir noch auf Erden wandeln, lasst uns bitten um das, was wir auf dieser Erde brauchen. Da wir aber Pilger der Ewigkeit auf dieser Erde sind, lasst uns nicht vergessen, dass wir nicht so erhört werden wollen, als ob wir hier eine bleibende Stätte hätten..."[71]

[71] Karl Rahner „Beten mit Karl Rahner", Freiburg, 2004, Band 1 „Von der Not und dem Segen des Gebetes", S.129

IV. Hans Urs von Balthasar – der Lehr- und Lesemeister

Vom Schweizer Theologen Hans Urs von Balthasar, der seine große, vielbändige Trilogie „Herrlichkeit – Theodramatik – Theologik vollenden konnte, gibt es einen kleinen, sehr feinen Text, auf den ich aufmerksam machen möchte. Es ist ein Text, den ich immer wieder lese und der mich wegen seiner Klarheit und Stimmigkeit stets neu fesselt. In den letzten Lebensjahren Hans Urs von Balthasars – genau im Jahre 1981 - schrieb er das Vorwort zum Lesebuch von Josef Pieper. Dieses Werk enthält wunderbare Texte, die Pieper selbst aus seinem reichen Werk zusammengestellt hat. Doch hier geht es nicht um diese tiefe und schöne Textsammlung, die gleichermaßen die Freude als auch den Ernst des Glaubens zu vermitteln weiß. Hier geht es – aus gutem Grund – ‚lediglich‘ um das Vorwort aus der Feder Hans Urs von Balthasars.

Balthasar geht in diesem Vorwort, das wohl eher einer kenntnisreichen und einfühlsamen Hinführung zum Werk Piepers ähnelt, zunächst auf den Begriff ‚Gott‘ ein. Der gesamte Duktus Balthasars erinnert hier stark an Karl Rahner, der Gott „das „Heilige Geheimnis" nannte.[72]

---

[72] Vergleiche auch Karl Rahners Zeitdiagnose in „Von der Not und dem Segen des Gebetes" (2004, Freiburg), S. 182 ff, ebenda S. 66 – 71, Rahner „Im Heute glauben", Benziger, 1966, S. 29-31, „Meditationen zum Kirchen-jahr" Leipzig, 1967, S. 302-304; Hans Urs von Balthasar: „In Gottes Einsatz leben", Freiburg, 1971, S. 14 und S. 114, Karl Rahner „Schriften

Urs von Balthasar spricht mehrmals in diesem Text das Goethe – Wort nach: „das heilig öffentlich Geheimnis". Aufschlussreich und immer wieder bedenkenswert sind dann Sätze wie:

„Wie aber gibt sich die Wirklichkeit, das ‚heilig öffentlich Geheimnis', das wir nach Goethe ‚ohne Säumnis ergreifen sollen? Immer als ein Mehr als was erfassbar ist, immer als ein ‚unaustrinkbares Licht'. Am Erlebnis eines sich mir schenkenden liebenden Du erfahre ich, dass dieses Mehr, nämlich die Freiheit des sich öffnenden Anderen, nicht greifbar ist, obschon sie sich mir in der Hingabe ja nicht entzieht." [73]

 Weiter schreibt er:

„Nur wenn Philosophie als liebende Sehnsucht nach dem Immer – Mehr im Geheimnis des Seins den Menschen unbedingt auf den Weg setzt...wenn Philosophie nur dadurch möglich ist, dass sich Sein ‚immer schon', wenn auch im Geheimnis erschlossen hat, dann hat Philosophie auch immer schon mit Theologie zu tun." [74]

---

zur Theologie", III, Benziger, S. 94 f, Karl Heinz Weger „Karl Rahner" Freiburg, 1978, S. 14-20 ; Balthasar hier: „Wo sich nichts mehr ‚gibt' und von sich her ‚eröffnet'..." – S.7

[73] Entnommen: Josef Pieper „Lesebuch", Kösel – Verlag, München, 1981

[74] Ebenda, S. 8

Balthasar sitzt scharf über Hegel zu Gericht, wenn er über ihn urteilt:

„Absolutes Wissen, worin das Geheimnis des Seins hinein verschwunden ist in die von der Vernunft beherrschte dialektische Methode." [75]

Dabei ist sein Urteil weder ungerecht noch überzogen, denn er bringt die verheerenden Folgen für den Menschen sofort als Verifikation dieses Urteils bei, in dem er nur einen kleinen Seitenblick wirft auf jüngere gesellschaftliche und geschichtliche Entwicklungen. Das von Hegel beschriebene „absolute Wissen" des Menschen macht diesen autonom – und in' s Nichts ausgesetzt, orientierungslos, einsam! Es ist nur konsequent, wenn der schärfste Einspruch gegen Hegel sich im Existentialismus (Kierkegaard, Heidegger, Sartre, Marcel) Ausdruck verschaffte.

„Was ist bei unsern Nachhegelianern aus diesem dämonischen Griff nach dem göttlichen Wissen geworden? Entweder das leere Geklapper von Logistik, das hermetische Getuschel über Hermeneutik oder die letzte spießbürgerliche Unterwerfung des Wissens unter den Staat (Hegel), das Volk (Hitler), die Wirtschaft und Gesellschaft (Marx, Stalin, der Amerikanismus)" [76]

---

[75] Ebenda, S. 7

[76] Ebenda, S. 7

Unter Bezugnahme auf die ergangene Offenbarung Gottes, besonders jene in Jesus Christus, von der christliche Theologie niemals absehen darf - auf sie muss sie immer bezogen bleiben - von ihr ausgehen und zu ihr hin – und zurückführen, schreibt Balthasar dann:

„Haben die Theologen überlegt, was für eine ‚wissen-schaftliche' Methode ein Gegenstand braucht, der höchste Liebe für sich einfordert? Sicher keine, die ihn zu beherrschen sucht." [77]

Und was Balthasar anschließend über Pieper schreibt, gilt für ihn in derselben Weise:

„Seine Werke bewegen sich alle in dem einzig konkreten Raum unserer Welt, in dem der Philosoph nicht umhin kann, sich mit der Selbsterschließung des Seins in Jesus Christus positiv oder negativ auseinander-zusetzen." [78]

Balthasar begründet für Pieper – und auch für sich (letztlich für jeden christlichen Theologen, wenn er sich recht versteht!) – seine „theologische Leidenschaft", die darin begründet ist, dass wir „immer schon" in Bezügen leben, in denen die Gnade Gottes – zumindest als Angebot seiner Selbstmitteilung – „west", wenn er schreibt: *„Nicht als dürfte und sollte der Mensch nicht schaffen, aber erst wenn er vorgängig empfangen hat.*

---

[77] Ebenda, S. 9

[78] Ebenda S. 9

Sonst stellt er sich – folgerichtig atheistisch – an die Stelle des Schöpfergottes."[79]

Gerade diese letzten Worte erinnern mich sehr an Karl Rahners unerbittliches Insistieren darauf, dass Gott auch und gerade in seiner Offenbarung uns als „Heiliges Geheimnis" aufgeht, das wir weder besitzen, noch ‚überblicken' können, sondern dem wir uns nur vertrauensvoll ergeben können und dürfen. Das ist dem Menschen auch sehr angemessen, weil er in seinem Eigentlichsten zuerst und zutiefst Empfangender ist.

Ich komme darum noch einmal auf die eingangs formulierte Aussage zurück, dass mich dieser kleine, kompakte Text immer wieder neu fasziniert, ja herausfordert. Das scheint jetzt vielleicht eher verständlich, denn die Frage drängt sich angesichts dieses ‚Befundes' unerbittlich auf: Ist die schmerzhafte, oft katastrophale Geschichte des 20. Jahrhunderts vielleicht auch deshalb so verlaufen, weil zuvor im geistigen Bereich derart fatale und einseitige, reduktionistische Weichenstellungen vorgenommen wurden? Wo der Gottesbezug abhanden kommt, besteht die große Gefahr, dass sämtliche Fundamente menschlichen Zusammenlebens, der Hoffnung und der Liebe buchstäblich einstürzen.

---

[79] Ebenda S. 7

V. Was ist der Mensch? -

Fingerzeige von Eugen Drewermann

„Entweder man setzt am Menschen seine biologischen Antriebe als das Wesentliche und reduziert... sein Geistesleben auf die ‚Verschleierung' gewisser ‚primärer' Bedürfnisse...dann bleibt keine andere Hoffnung, als die... es möge eines Tages zur Lösung der Menschheitsfragen die gesamte... Therapie durch eine besondere Kenntnis von ‚besonderen chemischen Stoffen' ersetzt werden... die Selbstabschaffung der menschlichen Freiheit... fände dann ihre... Vollendung. Oder es müsste dem Menschen gelingen, die Angst seiner kontingenten Freiheit zu beruhigen in einer absoluten Freiheit, die ihm gegenübersteht und von der er sich getragen und gehalten weiß..."[80]

„Vor allem aber stellt sich die Frage, welch eine Betrachtungsweise dem Menschen mehr gerecht wird... sollte man nicht vielmehr denken, auch die scheinbare Trägheit sei das Symptom einer tiefliegenden Angst; der Mensch wolle eigentlich das Gute, und er sehne sich nach der Wahrheit, wenn nur die Angst in ihm zur Ruhe käme? In diesem Falle bestünde durchaus kein Grund mehr, vom Menschen niedrig zu denken; im Gegenteil, man müsste dann der Bergpredigt zustimmen, dass es letztlich keinen Sinn hat, dem Bösen mit Gewalt zu

---

[80] Eugen Drewermann „Strukturen des Bösen" III, Paderborn, 1988 (Sonderausgabe), S. XXIX

widerstehen (Mt 5,39). Dann ist der Sinn, das Ziel der Religion unschwer verstehbar, wenn sie sagt, einzig ein Glaube, der die Angst besiege, sei imstande, den Menschen, der vom Bösen krank sei, von der Wurzel her zu heilen." [81]

„Das Ungenügen an der Welt, wie wir sie antreffen, gehört wesentlich zu uns Menschen, und diese Tatsache bedeutet eigentlich auch das Ende der klassischen Religionskritik im 19. Jahrhundert. DOSTOJEWSKI meinte einmal sinngemäß: >>Wenn der Glauben dazugehört, gesund bei Verstand zu bleiben, was ist dann gegen den Glauben zu sagen? Ist er deshalb kritisch zu betrachten, weil er die einzige Art ist, um als Mensch gesund zu leben und den Rückfall in die Barbarei zu verhindern? Ist es zweckmäßig, ein Medikament den Menschen fortzunehmen, bloß weil es genau diesen Effekt hat? <<" [82]

---

[81] Ebenda, S. LXXXIII

[82] Eugen Drewermann/ Michael Albus „Die großen Fragen", Ostfildern, 2012, S.216 f

VI. Epilog oder Kleine Glaubensfibel von der Unbegreiflichkeit Gottes[83]

„Wir reden von Gott, von seiner Existenz, von seiner Persönlichkeit, von drei Personen in Gott, von seiner Freiheit, seinem uns verpflichtenden Willen usf; wir müssen dies selbstverständlich, wir können nicht bloß von Gott schweigen, weil man dies nur kann, wirklich kann, wenn man zuerst geredet hat. Aber bei diesem Reden vergessen wir dann meistens, dass eine solche Zusage immer nur dann einigermaßen legitim von Gott ausgesagt werden kann, wenn wir sie gleichzeitig auch immer wieder zurücknehmen, die unheimliche Schwebe zwischen Ja und Nein als den wahren und einzigen festen Punkt unseres Erkennens aushalten und so unsere Aussagen immer auch hineinfallen lassen in die schweigende Unbegreiflichkeit Gottes selber, wenn auch unsere theoretischen Aussagen noch einmal mit uns selber zusammen unser existentielles Schicksal teilen einer liebend vertrauenden Hingabe unserer selbst an die undurchschaute Verfügung Gottes, an sein Gnadengericht, an heilige Unbegreiflichkeit."

„In der Theologie sagt man vieles und dann hört man auf und meint gegen seine eigenen Grundüberzeugungen, dass man jetzt wirklich am Ende sei und aufhören könne,

---

[83] Vgl. dazu „Karl Rahner in Erinnerung", Düsseldorf, 1994, S. 134ff

dass die paar Aussagen, die man gemacht hat, die allen metaphysischen und existentiell radikalen Durst stillenden Aussagen seien und nicht (wie es in Wahrheit ist) die Aufforderung, zu merken, dass man mit diesen Aussagen letztlich nur in jene antwortlose Aporie geraten solle, die nach Paulus 2 Kor 4,8 die Existenz des Menschen ausmacht.“[84]

„...ich möchte nur die Erfahrung bezeugen, dass der Theologe erst dort wirklich einer ist, wo er nicht beruhigt meint, klar und durchsichtig zu reden, sondern die analoge Schwebe zwischen Ja und Nein über dem Abgrund der Unbegreiflichkeit Gottes erschreckt und selig zugleich erfährt und bezeugt...Wir halten uns zu sehr in der Rede über die Sache auf und vergessen bei all dieser Rede im Grunde die beredete Sache selber.“[85]

Wir können nur entweder alles, nämlich Gott selbst in seiner reinen Gottheit wollen, oder wir sind verdammt, das heißt begraben in dem Kerker unserer Endlichkeit“. [86]

„Wenn so der Theologe diese bitteren Erfahrungen seines Nichtwissens macht, dann könnte er, wenn er diese Erfahrung mutig und unbefangen annimmt, für die übrigen Wissenschaftler Beispiel und Antrieb sein, ihre Wissenschaften aus derselben Haltung der Bescheiden-

---

[84] Ebenda, S. 137f

[85] Ebenda, S. 138

[86] Ebenda, S. 139

heit und Selbstbegrenzung zu betreiben, so dass die Spannung zwischen den Wissenschaften nicht nur nicht beseitigt, sondern, weil eingestanden, sogar verschärft sind, aber der unvermeidliche Streit der Wissenschaften untereinander und mit der Theologie doch umfasst wäre von jenem Frieden, der unter denen herrschen kann, die alle, jeder in seiner Weise, das Geheimnis ahnen und erleiden, das wir Gott nennen."[87]

„Kinder dieser Erde sind wir. Geburt und Tod, Leib und Erde, Brot und Wein ist unsere Heimat...Wir sind zu sehr Kinder dieser Erde, als dass wir aus ihr einmal endgültig auswandern wollten...Die Erde, unsere große Mutter, ist selbst bekümmert. Sie stöhnt unter der Vergänglichkeit. Ihre fröhlichsten Feste sind plötzlich wie der Beginn einer Totenfeier, und wenn man ihr Lachen hört, zittert man, ob sie nicht im nächsten Augenblick unter einem Gelächter weint. Sie gebiert Kinder, die sterben, die zu schwach sind, um immer zu leben, und zu viel Geist haben, um anspruchslos auf die ewige Freude verzichten zu können... Die Erde gebiert Kinder maßlosen Herzens, und ach, was sie ihnen gibt, ist zu schön, um von ihnen verachtet zu werden, und ist zu arm, um sie – die Unersättlichen – reich zu machen...Das Abenteuer, aus dem Irdischen auszuwandern - nein, das geht nicht, nicht aus Feigheit, sondern aus Treue, die uns das eigene Wesen gebietet. Was sollen wir tun?"[88]

---

[87] Ebenda, S. 146f

Zum Autor

„Rudolf Hubert (geb. 1958) ist Geschäftsführer des Kreis-Verbandes Westmecklenburg-Caritas Mecklenburg e. V.

Als Schüler in der ehemaligen DDR ist er auf das Büchlein von Karl Rahner gestoßen: "Von der Not und dem Segen des Gebetes". Mit diesem Büchlein konnte er spirituell und intellektuell in der damaligen Situation Boden gewinnen. Seine anhaltende Beschäftigung und vertiefende Auslegung des Werkes Karl Rahners hat er in der umfassenden Studie zusammengefasst: „Im Geheimnis leben - Zum Wagnis des Glaubens in der Spur Karl Rahners ermutigen" (Würzburg: Echter 2013). Dieses Werk kann als vertiefende Auslegung ebenso empfohlen werden, wie als mystagogische Anleitung zur eigenen Glaubensfindung bzw. -vertiefung."

Prof. Dr. Roman A. Siebenrock, Universität Innsbruck

---

[88] Karl Rahner „Das große Kirchenjahr", Leipzig, 1990, S. 283f (Lizenzausgabe des Herder-Verlags Freiburg, 1987)